D调·泉州

流光古厝

泉州古城保护发展工作协调组办公室　编

海峡出版发行集团 | 海峡文艺出版社

泉州天后宫大殿檐廊下一对清代青石龙柱

古厝深深深几许

总序

泉州地处中国东南沿海，自古地气独温而有“温陵”之名，是国务院首批公布的历史文化名城之一，又因拥有独特的海洋商贸文明遗存，而成功入选《世界遗产名录》，从此有了“宋元中国看泉州”。

泉州枕山望海，拥有丰富的文化和旅游资源。而作为闽南文化生态保护核心区的6.41平方公里泉州古城，更是保留着数百年甚至上千年岁月的肌理，人们仍然虔诚地生活其中，将街巷、建筑、信俗、食物、节气等融合为一种闽南人的“生活的艺术”。林语堂先生将“生活的艺术”翻译为：The Importance of Living。生活的重要性，可见一斑。而这种充满艺术性的生活，越在古城越见真章。

深入古城，编撰一套“D调·泉州”丛书，既是满足旅游的需求，也是以泉州为样本挖掘中国南部城市一份独特的古城文化。泉州拥有世界级非物质文化遗产——南音，是一种千年古乐，它的D调，低缓缠绵、活泼灵动、韵味悠长，是最泉州本色文化。D调的寓意饶有趣味，既应和白岩松品评的那句“泉州低调得与她的实力和吸引力有点不太相符”，又实则在探索这种错位的魅力究竟由何构成，或者说，究竟是如何在他人眼中大放异彩。总之，它自有风韵。

“D调·泉州”丛书一共6册，分为西街篇、水系篇、街巷篇、美食篇、建筑篇、信俗篇，是一套时尚的人文旅游口袋书。该丛书文风清朗，笔调轻松，又充分兼顾游览的需求，相信是深度走读泉州古城的一扇文化窗口，也是人文旅游大时代下一次有意义的纸本实践。

是为总序。

编者

2022年5月

三类建筑（代序）

我们在街巷中穿行，以平行的视角观察周围的环境空间，欣赏一种局限的美；当用俯瞰的视角去看城市与建筑时，就会对每天匆忙穿过的城市有了新的理解。

这就是为什么我们要做一本与泉州古城建筑有关的书。我们从城门入其内，首先望见最高的双子塔楼，是为中国石构建筑的集大成者；又见现存最早的伊斯兰清真寺，内有古版尖拱门洞与穿越千年的阿拉伯文，此为穆斯林商人的信仰归处；紧接着便是中国的儒家庙堂，经典的红砖官式建筑，左学右庙，七十二贤人石板泮桥……

泉州古城内建筑是整体一片的红砖红瓦。粗看，凹曲屋面柔美活泼；细看，彩色屋顶精雕细镂。高山阻隔于中原，远洋通商于海外，艺术是平等的切磋，没有所谓的高屋建瓴统摄，闽南建筑因此自成一派。

世家的红砖古厝、侨家的“番仔”洋楼、商家的手巾寮街，是古城内最具辨识度的三类建筑。

红砖古大厝，以闽南特有的胭脂红砖为主基调，可以说在视觉上独树一帜。内部为中式传统的院落，低矮而高翘，促狭而敞亮，精于装饰又素朴克制。

“番仔”洋楼的背后则是一个字：侨。这种集中出现于20世纪初的洋楼，是用钢筋水泥、花砖玻璃等材料筑建的。番仔楼是千百万泉州海外华侨的“梦想与光荣”的储藏地。这里藏有许多悲欢故事。

“手巾寮”则有点像天女散花，俏丽的小立面、大纵深的店屋，散落在古城各处。一条联排式骑楼，如鱼骨紧密排列，正是典型的下店上宅或前店后宅的“手巾寮”结构。它玲珑在前，深阔于后，犹如商人的性格。

就让我们循着建筑自成一体的肌理，一起走读这一座独特的世界遗产城市吧！

目录

Contents

世遗 · 印象宋元

世家 · 红砖古厝

侨家·“番仔”洋楼

商家·城市街屋

世遗·印象宋元

开元寺大雄宝殿

开元寺

泉州开元寺是宋元时期泉州规模最大、官方地位最突出的佛教寺院。

开元寺始建于7世纪，10世纪奠定主体格局。至今保存着中国古代大型佛寺建造形制发展成型初期的典型布局，即在中轴院落的东西两侧另建塔院，14世纪后少有出现，非常珍贵。

寺院坐北朝南，中轴线主要建筑自南向北依次为紫云屏、天王殿与拜亭、拜庭及东西廊、大雄宝殿、甘露戒坛、藏经阁及其东侧檀越祠。东、西两侧矗立着镇国塔、仁寿塔两座宋代石塔，整体占地面积约8万平方米。

大雄宝殿是开元寺中轴线上的主体建筑，面阔九开间，属于中国古建筑里最高的形制。殿中最令人赞叹的是中部两排石柱和梁架接合处的斗拱，雕刻成24尊飞天乐伎。

其造型源自佛经所述的神鸟“迦陵频伽”（妙音鸟），为人身羽翅鸟腿。这些飞天手中或执管弦丝竹乐器，或捧文房四宝。它们既承担支撑梁架的结构作用，又具有极高的艺术价值，为中国木构建筑所罕见。

开元寺是中国唯一拥有印度教遗存的佛家寺庙。正殿前月台须弥座束腰处有73方狮子与人面狮身石刻，与印度朱罗时期的印度教寺院里的人面狮身石刻风格非常相似。殿后两根印度教石柱上，雕刻有9幅印度教古代神话，其余则雕刻中国传统吉祥图案。

位于开元寺后落的甘露戒坛也是我国现存最完好的佛教古戒坛，八角圆形藻井，无梁结构。戒坛是古代佛教僧侣受戒的场所。“戒坛与律宗关系密切。宋以后，禅宗一枝独秀，戒坛建筑几近消失。泉州开元寺戒坛可谓硕果仅存。”北京大学考古文博学院教授方拥在其所著《泉州开元寺》中这样评价。

开元寺印度教石柱

府文庙

泉州文庙及配套的学宫是古代泉州包括政府官员和高级知识分子在内的泉州精英群体的精神寄托地以及向学求知、科举考试的神圣殿堂。这些社会精英在宋元海洋贸易的推动和管理中发挥了重要作用。

泉州文庙及学宫始建于北宋开宝九年（976），主体格局形成于南宋绍兴七年（1137）。建筑群坐北朝南，整体布局为左学右庙。

两大建筑群周边还分布一组明清以来祭祀泉州历史名人的蔡清祠、李文节祠和庄际昌状元祠，建筑面积5000多平方米，现存建筑规模为中国东南七省之冠。

大成殿是文庙建筑群的核心，也是祭祀孔子的中心场所，面阔七间，重檐庑殿顶，有黄色琉璃瓦、龙纹柱身、殿内通饰彩绘等建筑特色。

正面殿前檐下的六根浮雕盘龙檐柱，寓意“六龙捧圣”。殿内还有盘龙金柱两根，这些龙柱雕刻简单古朴，是典型的12世纪雕刻风格。

往东走过一段出砖入石墙，即明伦堂所在，这是古代官方创办的学校，也叫府学，是泉州的最高学府。现存建筑为明代重建，五进七开间的规格在中国州级

府文庙

学府中并不多见。

作为州一级的地方公共教育机构，明伦堂为国家培养、输送了大量政治精英和高级知识分子。据统计，从 9 世纪到 20 世纪的 1100 多年间，泉州考中进士的就有 3011 人（含文武进士、恩科、荐辟等），仅宋代就多达 1597 人。这些人才有力地促进了宋元时期泉州各方面的辉煌成就。

每年 9 月 28 日，泉州府文庙都会以最高规格“释奠礼”来祭祀孔子。每年的春节、中秋等中华民族传统节日，还会举行成年礼、拜师礼、毕业礼等活动，儒家文化得到了很好的传承与延续。

泉州府文庙大成殿

清净寺

清净寺，是中国现存最古老的伊斯兰清真寺，始建于北宋年间，是宋元时期来泉州经商的波斯、阿拉伯等地商人及其族群的珍稀物证。

寺内重要遗存之一门楼，是典型的西亚风格，尖拱门逐层内凹，顶部均为半穹顶，既为伊斯兰穹顶式样，又融合了中国传统建筑中的藻井装饰风格。

尖券门上方有一方重要的阿拉伯碑文，译文是："此地人们的第一座礼拜寺，就是这座最古老、悠久、吉祥的礼拜寺，名称'艾苏哈卜寺'，建于回历400年。"

门楼屋顶上是望月台。砖砌部分于17–18世纪重修。门楼西侧原为奉天坛，过去穆斯林在这里集体做礼拜。古遗址内残留9根指天立柱，八扇向外的大方窗。

奉天坛西墙叫"米哈拉布墙"，格外精致，7个壁龛均做尖拱形顶，中间凹入的方形壁面，是阿訇主持礼拜的位置。米哈拉布墙上的铭文主要是《古兰经》。

清净寺
雕花石柱

天后宫

天后宫

天后宫妈祖信仰是伴随宋元泉州海洋贸易而形成、发展的民间信仰。它与泉州的商人群体密切关联，是宋元泉州南部商业性城区的重要地标。

天后宫位于泉州城市南端，南临晋江及沿岸港口，是外来商人、货物进入泉州城的第一站，也是出海的人祭祀海神妈祖之后前往海外贸易的第一站。

妈祖原是一位莆田沿海的渔家女子，为人善良，熟悉海上风潮，多次在风浪中拯救乡民，受到人们崇敬，去世后被沿海民众视为航海保护神。

妈祖受到历代朝廷敕封。元朝敕封妈祖为天妃，元至元十八年（1281）派遣泉州市舶司提举蒲师文，主持敕封仪式，泉州天妃宫妈祖祭祀活动列入国家祭典。

天后宫现仍保留16世纪前形成的前殿后寝的布局特征，呈中轴对称的院落式布局。自南向北依次为山门、戏台、拜庭、天后殿、寝殿、梳妆楼，两侧为东西厢房、轩房、斋馆和凉亭等附属建筑，是海内外众多天后庙宇的建筑范本。

正殿内供奉天后像及诸辅神像。正殿后方保存一幅清道光年间绘制的大型壁画，以写实笔法描绘湄洲岛天后宫的建筑格局。

正殿之后的寝殿，始建于南宋庆元二年（1196）。明嘉靖年间重修，保存一对修缮时移用至此的辉绿岩元代印度教十六角形石柱，雕刻手法与开元寺大雄宝殿后回廊檐下的古代印度教石柱相同。

德济门遗址

自唐代建城，到民国拆城，泉州古城横亘1300多年岁月长河。曾经的内外城门新旧称呼，算起来10多个，不断建城、修城、拓城、增高、加筑共30多次。

1982年，泉州成为国务院首批公布的24座中国历史文化名城之一。随后，德济门遗址被发掘，朝天门、临漳门、泉山门先后复建。

其中最重要的德济门遗址，是唯一经考古发掘出土的古城门遗址，是宋元泉州城的南门遗址。

德济门的建造，与10–13世纪泉州海外贸易的繁荣密切相关。当时城门所在地已发展成重要的商品交易市场，外商云集，人烟稠密。

但每年江水泛滥时此地尽成泽国。南宋绍定三年（1230），郡守游九功于濒江一线建设了兼具防洪功能的城墙，开设两门，其中之一就是位于南端的德济门。

经发掘，德济门遗址内清晰可见700年前古城门结构，古老水系仍在缓缓流淌。遗址还显露出防御之用的瓮城（月城）。

明朝倭寇侵扰严重时期，杰出思想家李贽回泉为父奔丧，还带领过族中弟侄

德济门遗址出土门礅

宗亲参与抗倭。李贽故居如今就在德济门遗址旁的万寿路。

遗址坐北面南，面积近 2000 平方米，由花岗岩条石、废旧石建筑构件等砌筑而成，局部以白灰灌浆加固。

根据建筑遗迹之间的关系，考古工作区分出南宋、元、明、清等各朝代修建的遗迹，由北向南分别为：南宋城墙遗迹、内濠沟及古拱桥、元明城墙及城门、明代瓮城、外濠沟等，整体呈现出由北向南扩建的趋势。

周边社区及城市居民非常喜爱这处遗产，称之为“露天博物馆”。

南外宗正司遗址陈列馆“官”字砖

附录：

“泉州：宋元中国的世界海洋商贸中心”世界遗产点

2021年7月，第44届世界遗产大会上，“泉州：宋元中国的世界海洋商贸中心”项目通过审议，正式列入《世界遗产名录》，成为中国第56处世界遗产。

“泉州：宋元中国的世界海洋商贸中心”一共由22处代表性遗产点组成，分布在泉州古城、沿海、内陆城区。

彼时作为世界大港，泉州具有包容的文化态度、完备的海洋贸易制度、庞大的水路复合交通运输体系、发达的手工业、杰出的航海和造船技术等。这些元素仍然清晰地在这一组22处代表性遗产点中呈现。

其中，位于泉州古城内的遗产点分别为：市舶司遗址、德济门遗址、天后宫、南外宗正司遗址、清净寺、泉州府文庙、开元寺。

以上除了市舶司与南外宗正司两处尚未完成全部考古发掘的遗址外，我们已对剩下的5处遗产点做了介绍。从建筑上说，它们保留了大量宋元建筑遗迹。同时，它们也是古城内重要的游览点。

市舶司遗址是中国古海关遗址，体现了完备的海洋贸易制度。而南外宗正司遗址是南宋皇族群体南迁于泉州居住的大型官宅遗址。

旧馆驿巷子内的董杨大宗祠

世家·红砖古厝

西街真水闲院四水归堂的天井

四水归堂的古城人家

在过去，一个世家的形成，往往始于有人一举成名，进入仕途，后族支系又能自强不息，陆续飞黄腾达。彼时往往富贵相连，拥有大量房产。清中叶后官阶最高的泉州人黄宗汉的故居就曾是一片相连的 11 座大厝，占据镇抚巷、玉犀巷大半区域的建筑群，相当气派。

家宅大了，就会将姓氏与地理结合，形成特别的辨识称谓。例如黄宗汉故居北至东街元妙观口，称“观口黄”。又一大姓龚家，历史上出过“一门八文魁，三代两翰林”的科举盛世，后族开枝散叶，都发展不错，因此形成旧馆驿龚、通政巷龚、三朝巷龚繁衍兴盛的演说。

这些家族的过往，落在人的故事上，更为生动。

台湾散文家、诗人龚书绵于 2022 年初辞世，享寿百岁。她曾于 94 岁高龄时回泉州。笔者总记得她当时的神情，略带委屈的、小心翼翼的样子，像个走失的孩子。

她委婉地说，因为一些特殊原因，每次回故乡都只住在西街一家客栈里，但一定会交代客栈的女孩，帮忙预留下临近马路的房间。她常要临窗，听喧嚣的街声。有时会听很久。她说，实在太想念家了。

那是一个许多人住在一起的大家族。如四水归堂的天井，那么多人在一起，有共同的情感寄托。

她清晰地记得小时候读书的景象："书房里有很多小孩，都是本家人，包括一房、二房到六房的青少年。大家聚在一起，由四伯父、六伯父和我父亲教授《三字经》《千家诗》《古文观止》等，也教做对子。比方说'天对地''笔架对棋盘''父对母'……还让我们背诵。很多意思不了解，我就问伯父们，他们说不了解没关系，先慢慢记下来，长大后你就会理解。"

"父亲吟诗的时候喜欢摇头晃脑，用曲调的节奏来吟诵《唐诗》，特别好听，我也跟着背。母亲则是身教。早起打扫庭院时，她会教我念《朱子家训》里的'黎明即起，洒扫庭除……'然后解释给我听，女孩子应该怎样。父亲、母亲有时候还表演琴瑟和鸣，一个谈弹琵琶，一个拉二胡三弦或吹笛子洞箫……"

龚书绵的母亲是大家闺秀，识书吟诗。她不专门教书绵功课，也教她做人的道理：吃饭时，双臂不横卧桌面，不可说话；笑不要大声；穿睡衣不出房门；待人要温和，不跟小贩斤斤计较……

龚老师向笔者回忆了许许多多，最后忍不住哽咽地嘟囔道："我不是作家，我只是一个泉州女孩。"

龚书绵属于"通政巷龚"。还有一位年轻的"旧馆驿龚"，自然是住在旧馆驿巷。她叫龚小莞，是一位文化记者，同时兼职写作。她素喜穿旗袍，喜欢细水长流的古时。她记得小时候的天井，下雨天积满水。她说："我们把鸭子放到雨水里游泳，妈妈还会挖来蚯蚓。我就坐在天井边的廊下，拿一本书，一边看书，也一边听雨。"

"若是不工作，我真想就那么宅在那样的房子里。"她说。论辈分，龚小莞要叫著名诗人舒婷为堂姑母。原名龚佩瑜的舒婷也曾回到这座古厝里来，体验过几日老宅里的生活。"我在这座迷宫式的三进两落大厝穿梭，经七姑、八叔的指点，方寻到我的亲二伯婆。跨过尺多高的木门槛，在古井边洗脸，坐硬条凳，喝手制的新茶。"

她将此次经历凝结为一篇动情的文章《此生，我的籍贯是泉州》，结尾写道："如果说厦门是我家乡，那么泉州正是我的故乡，在漫长的种族迁移中，它是离我最近的一座风雪驿站，几代人从这块热土汲取的能量，吸引我，像指南针一样总朝着它的方向。"

古城内常见白石红砖裙堵

泉州仍保留着大量的红砖古厝。虽有族人陆续离开，但大族一般都有后人守在古厝。有次经过古榕巷许邦光故居，后人许阿姨极为温和地允许我们拜访。她的先生是一位藏石家，家中陈列许多奇石。故居后落住着许阿姨的弟弟，故居的修缮、宗祠祭祀等事情，仍然由弟弟在负责。

不论有无后人，世家大厝都会面临不断拆分的问题。以天井为单元的古厝，分散在不同族人手中，或者转售他人，但依然有精彩的故事。

曾结识一位喜欢住在老宅的年轻女孩。她一个人养了 8 只猫，住在甲第巷一座有天井的红砖古厝。拜访她，一进门就看见她坐在深井回廊处等待，面前是长条的木桌，点缀着绿植。南方时有阴雨，老房子的屋顶坡缓，都用状如竹筒形的筒瓦或有弧度的板瓦铺就，雨水会顺着弯曲的红色瓦片由四周屋檐聚向深井，首先打在叶子撑开了的乌毛蕨上，再缓缓落下，滴滴答答……

这是泉州古城人家的感觉。过去是大家，现在也有小家。这样的家，连成一片，变成了一座城。红砖是它最重要的材料，也是最重要的颜色。

出砖入石燕尾脊
雕梁画栋皇宫起

红砖

其实厦漳泉三地的闽南传统民居在外形上很相似，都使用红砖、红瓦。这两者被统称为红料。这样兴建的红房子曾在整个闽南都十分兴盛。莆仙地区、讲闽南方言的潮汕与台湾地区都曾热衷红砖大厝。但是至今，关于它的起源仍没有准确的说法。

中国很早就能烧制出红砖，却鲜少应用在民居建筑上，一是礼制不允许，二是青砖青瓦更耐用。国内传统民居普遍粉墙黛瓦，朴素淡雅；闽南人却偏执于红得热烈的砖。

很难想象，这样似乎有些僭越礼制的审美，至少在几百年间都是主流，闽南人一以贯之盖着温暖的红房子，世代居住。

民间最流行的说法是闽王王审知御赐惠安籍黄妃“赐汝母厝皇宫起”的故

红砖屋瓦经典构件

事——即可按照皇宫的规制与外形大兴土木。这也是为什么闽南传统民居被称为“皇宫起”的原因。只是，相关史料和考古依据仍不太充分。

明朝王世懋曾在福建为官，所著《闽部疏》中提及，他在泉漳两地看见“民居俨似黄屋，鸱尾异状，官廨缙绅之居尤不可辨”，说的就是如今看来依旧艳丽夸饰的闽南古厝。可见明清时期，这样的红房子在闽南已十分流行。

其实国外也有不少用红砖砌筑的美丽建筑，闽南爱红砖会不会是源于海外呢？西班牙人曾在16世纪侵占菲律宾之后，建造了大量的红砖建筑，下南洋的闽商衣锦还乡后便在家乡仿建：征服了浩瀚大海，漂泊半生回来，迫切想建一栋美丽张扬的房子，关起门来过温润柔美的生活——倒也很符合勇敢开拓却又乡土难离的闽南人性格。

憨番抬厝脚

白石

中国传统民居以木构为主，很少使用石料。泉州惠安却是石的故乡，花岗岩在这里能被雕刻成各种美丽的建筑构件，正所谓精美的石头会“唱歌”。惠安一城有相当一部分的男人把雕刻当成一生的职业。也有部分男人出海大半年不归，惠安女就用肩膀从采石场扛着石条回家盖房子，塑造了她们坚毅勇敢的形象。

因地制宜的泉州人便是用石筑做墙基，白色的花岗岩垒到腰脐线，作为裙墙衬托着红色的烟炙砖。这是一种烧制时落了松灰而自带黑色纹路的红砖，雅化为“胭脂砖”。四角衬以白石，红砖白石的镜面墙冷暖结合，色彩耀眼。房屋的山墙与围墙则不拘小节，会采用砖石混砌，当地人称为“出砖入石”。

这种独特的砌墙方式，据说是明万历三十二年（1604）和明万历三十五年（1607）泉州近海两次大地震过后，居民就地取材，将坍塌破碎的红砖与石材交垒叠砌而成，粗犷却古朴美观，因而沿袭成风。此前，古希腊的雅典卫城和印度、意大利都曾发现这种砖石混砌的墙体。闽南古建专家姚洪峰就在意大利见过。

泉州府文庙通往泮宫的拱桥旁，就有一堵出砖入石墙，胭脂砖古老，胭脂红却别样清新，吸引着过路人。

丰富的花岗岩资源还被作为上等的建房材料，用于台基、石柱、门框等易受潮的地方。一块块坚硬的顽石经历“打巧”，摇身变成精美的石雕。

燕尾脊

许多人初到泉州，会觉得这里的房子像庙宇或宗祠，檐角高翘，看起来十分绚丽。这种屋脊在泉州叫燕尾脊。

林徽因先生将屋顶视为中国古建筑美丽的冠冕。泉州古城大量古民居的屋脊都有这样的“冠冕”。远远望去，正脊中间平缓，两侧逐渐弯曲，线脚向外延伸并分叉，屋脊两端起翘高挑，吻头成燕尾状，因此称“燕尾脊”。

同红砖筒瓦的使用一样，民间也存在“只有官宅才可做燕尾脊”的说法。但泉州古民居不仅使用燕尾脊，还会配饰各种剪粘装饰。这种工艺需由匠师现场即兴创作，先将陶瓷碎片修剪一番，再拼成各种造型的人物、花鸟、楼阁，嵌入灰泥，使之赫然立于屋顶之上。这种泥塑瓷剪工艺已被列入中国非物质文化遗产名录。

中国古代官式建筑屋脊上的装饰，尽管造型夸张，但色调上的选择常与屋顶融为一体。闽南屋脊上的装饰，却是摆脱红砖红瓦的一派花花绿绿，令本就格外张扬的房子更显活泼喧闹了。

燕尾脊

府文庙大成殿屋顶彩绘

雕梁画栋

泉州传统民居的装饰遍及墙面、屋顶、梁柱等，不论用什么材料都可以雕刻、彩绘出各种图案，形成雕梁画栋之繁复的美感。

红砖镜面墙上，最容易见到连续的海棠花纹样。屈身脚底的柜台堵，雕有顶梁柱的小石人，栩栩如生。屋檐稍微往下有一条装饰带，最喜用泥塑、彩陶、剪粘的工艺，演绎历史人物与故事。

再有，燕尾脊下的山花处常用灰塑做成云朵形状的如意纹样，在红与白的主色调上开辟了一道自己的灰。开向外墙的窗，雕刻也是一绝。圆形、方形、八角形等框型，都能雕成螭虎图案或竹节状，竹节上附着花卉、动物、人物等。

雕梁画栋的最高境界是“无石不刻，无木不雕”。每幢古民居装饰不一，石雕、木雕、彩绘分散于不同部位。因此，这里介绍几种常见的建筑构建，以作为认识一座传统古民居的粗浅的入口。

山花上的灰塑垂带

外檐下精雕雀替

笼扇

闽南民居中，开向深井的门扇被称为笼扇。笼扇结构轻巧，便于开启，有通风采光的作用。经过雕琢的笼扇十分精致。由下往上，及腰部分的腰堵常用浮雕，刻有花、鸟、人物等；身堵部分拼成各式图案，常见柳条枳、方格枳，有些意趣盎然的主人会在身堵上刻诗句；顶堵也常见浮雕。

斗拱

位于柱与梁之间的承重结构，由扁的斗、长的拱、斜的昂组成。闽南民居中，斗与拱都有许多形态，方斗、圆斗、六角斗、海棠斗、梅花斗、关刀拱、螭虎拱、草尾拱等。泉州开元寺的甘露戒坛就有精妙绝伦的飞天斗拱。

雀替

同样是梁柱交接处的构件，一般位于斗拱下方。雕刻题材十分广泛，包括历史典故、文学名著、宗教神话等，能体现古建筑的细节之美。

笼扇

厅柱顶部似凤如凰的木雕

皇宫起

既为世家，房屋自然讲究规制。这种规制到了极点，就被称为“皇宫起”。要认识这些规制，首先要认识所谓的几进几开间的空间布局。

何为几进几开间？进，即建筑纵深的单位，有一进、两进、三进等。通常第一进为下落，即门厅所在。跨过深井，则来到第二进。第二进为顶落，也称大厝的厝身，是大厅及主要居住用房所在。若增建第三进，则称为后落。

大厝在纵向上较少超过四进。规模再大的厝，只会朝横向发展，即增加两边的护厝数量。护厝是大厝两侧的纵向建筑，一般用做储物间或佣人居住，常见的类型有三间张单（双）边护、五间张单（双）边护。有的双护厝住宅，因房间较多，故又称为九十九间，在泉州就有池店柴塔村的九十九间、晋江梧林的九十九间、泉港大前黄黄素土楼的九十九间等。

泉州地区以“三间张”“五间张”称呼传统民居，即顶落为三开间、五开间的意思。“几开间”的算法依据第二进顶落的柱子数量而言，两个柱子即算一个开间，以此类推。

间张都是单数，主要受“礼”的秩序影响。中国传统民居多为院落式，讲究均衡的居住环境，以厅堂为中轴线，两侧各有一间、二间或三间对称于厅堂。无论平面或里面均是中轴线对称，是一种礼的体现。

中国传统思想也深深影响着泉州红砖古大厝的建筑布局与功能分配——北为尊，南为卑，东为主，西为宾。所以顶落的正厅宽敞明亮，是奉祀祖先与接待客人的地方；东大房供长子居住，西大房则是次子居住场所，皆体现了尊卑有别、长幼有序的儒家文化传统。

闽南传统民居都会在入口处凹一个空间，称为塌寿，塌寿前是宽广的石埕。泉州人以宽广的前埕迎之，以深广的后宅受之。

下房与后房多作为次要用房。榉头也称角头，在没有护厝的建筑里，东榉头用作厨房，西榉头用作杂物间。

下落、顶落和榉头围合成天井，称深井，采光通风之用。狭长的护厝也会有独立的天井，明亮的天光倾泻于长廊，令人心情舒畅。

近代民居中有些还会在后落兴建亭阁，建成两层楼房，它们被称为“梳妆楼”（也称角脚楼、小姐楼），不仅赏心悦目，也有通风采光的作用。

出砖入石

隐藏彩蛋

2009 年，中国传统木结构建筑营造技艺被列入了联合国教科文组织非物质文化遗产名录（名册）。而闽南民居作为中国传统木结构营造技艺的代表性群体之一，榜上有名。

它既传统又特别。几千年来在世界七大建筑体系中，唯有中国建筑以木结构为本位，而其他皆主张砖石结构。闽南传统民居因地制宜，在屋架遵循木结构的古代营造方式基础上，也将石构用于台基、裙墙、石柱、门框等易受水受潮之地。

精雕细琢的檐梁

放眼中国古代传统建筑，普遍使用的木构架结构形式多为穿斗式与抬梁式，闽南传统民居却发明了“受力形式与穿斗式相似，空间形式与抬梁式相似”的插梁式木构架，其稳定性不但更好，也创造了更为开阔的室内空间，有利于房间内部陈设。

兼具传统以外，滨江濒海而居的闽南人，特别是泉州人总向往一点新意。于是，张扬的红房子也得以在中国传统民居类型里“红”得自成一派，“红”得经久不衰。乃至百年过去，古旧的胭脂砖仍散发着胭脂红，温暖又清新，久见仍心动。

莲花座柱础

府文庙

走进故居

“在泉州，言古民居，必称杨蔡。”鲤城区江南街道的杨阿苗故居与南安市官桥镇的蔡氏古民居以精湛的营造技艺，一直以来都被奉为近代泉州传统民居的代表。二者离景点密集的古城皆有些距离，为了方便游览，我们推荐几座泉州古城范围内、历经修缮且走得进去的传统民居，愿你与红砖燕尾有个美丽邂逅。

府文庙蔡公祠出砖入石墙

后城 140 号古厝
沿街门楣

后城 140 号大厝

主人信息

这原是一座何氏古厝。先祖何鸿文发家之后，转型发展海上贸易，将泉州特产与省外物资相互置换，积累了大量资产。巅峰时期，何家以后城为中心置办了 24 座大厝，后城 138 号、后城 140 号等地都是。

有赖于何鸿文的开拓，何家渐渐成为泉州古城里清末的名门望族，堂号“好德传芳”。还有一件美谈与之有关。据闻当时清朝浙江发大水，何鸿文曾慷慨地将 18 艘本要运回泉州的物资倾囊捐出，此一义举受到朝廷嘉奖。

游览指引

如今的后城 140 号已不属何氏。以“不改变原状”的原则，这里被打造成了“鲤城区海上丝绸之路交流平台”，致力于深入挖掘泉州历史文化资源和海丝文化，因此常举办公益活动、专题展览和演出。附近就有锡兰侨民旧居，因此 140 号也作为“泉州与斯里兰卡友谊馆”，用以展览和开展中斯文化交流。

沉寂已久的古厝新生，开门迎客。

建筑细节

后城 140 号是一座三进三开间、前带回向、后带庭院的传统民居。门开在了东南侧，沿街，小小的。所谓“带回向”的古厝，是因为房屋沿街而不将大门设在中轴线上，只留侧边一扇小门，通过回向厢房引入内里宽大的石埕。

门楣之上有两个突出的圆柱体是门簪，雕刻精美。正面墙体上有古民居常出现的方形花窗，典雅秀气。原有的旧砖墙脱落，经历重新修缮后颜色依旧橙红一片，充满韵味。不高的屋顶上将筒瓦与板瓦间隔铺排，红砖红瓦，分外耀眼。

走入那扇回向的门，眼前却是柳暗花明一片开阔。偌大的埕、冷暖结合的镜面墙、绚烂的水车堵、塔寿两侧对堵墙上大片的砖雕，就连那燕尾脊也现身了。

梁上木雕荷蟹

专家说，在传统建筑的营造中，雕刻的精美程度与空间所处的位置息息相关，“接待客人用的公共空间，主人往往精心营造，越往后则越朴素些”。

于是，你会看见，面对深井的正厅被精美的笼扇阻隔起来，笼扇腰堵上镶嵌着文字——“后城新第居，好德家声远”，镂空的门扇上是街巷与堂号的结合。木构门窗，镂空雕刻，窗前美景隐隐浮现。二进榉头的坎窗也被打开了，推窗见景，望见的是天井的郁郁葱葱，和头顶古城里的蓝天白云。

曾经堆满落叶的后院也已重新整顿，为游客提供了可做休憩的石桌椅。书架和茶席则早早地入场了，有年代感的古民居重新焕发光彩，人气回来了。

石阶雕作外八字柜台脚

洲紫新筑

主人信息

1915 年，菲律宾华侨宋文圃在家乡兴建的洲紫新筑落成。“洲紫”是宋家的堂号，“新筑”则是新房落成之意。这四个字是从书法家赵孟頫遗墨中拣字而得，刻在门匾上。这位在菲律宾创办酒厂的富商在千年西街沿街，留下这样一座占地 3000 平方米、规模庞大的宅院。

这宅院前半部分是一座带双护厝的两进三开间传统大厝。因宋文圃久居菲律宾，故屋内家具装饰颇有南洋风格。后半部分则还有两层洋楼，是依西班牙建筑样式设计而成。

游览指引

据说20世纪90年代，有买家欲出资5000万元买下“洲紫新筑”，被宋家人拒绝。久经岁月，老宅也饱经沧桑。2015 年，116 号宋宅成为古城建筑整治修缮示范点，慢慢恢复往日荣光。

虽然古大厝内部雕梁画栋，家具考究，但因仍有后人居住故不便开放参观。不过，每年腊月伊始至春节后，洲紫新筑内会来一位水仙花商，石埕内布满水仙花，花香满院，老泉州人争相采购。

西街宋宅

中山路番仔楼

侨家·『番仔』洋楼

拱廊式红砖“番仔”洋楼

洋楼　南遇

从官式古大厝到“番仔”楼，从传统文化到近代文化，泉州人的房子，是一条漂泊的海路。洋楼，在闽南话里，被称为“番仔”楼。一个“番”字，便知这房子里有着一段漂泊的历史。

64 岁的素珠坐在一楼回廊的藤椅上，紫色的三角梅在午后被夏风轻轻摇动。很久没有再讲起“番仔”楼落成的故事了。那些前尘往事，不为一个人停留。

祖父下南洋，是在 1940 年左右，穷苦人家的长子，承担着家族生存的重担。

祖父落脚在新加坡，先做屠夫，后为交通业者。为了省钱养活家乡的亲人，每天凌晨 4 点出工，他饿着肚子，一直到中午间歇，一杯咖啡配饼干。“南洋的日子，苦啊！”

祖父在南洋娶了另一个妻子，素珠称她为“番婆婶”。“番婆婶”生了两女一男，都生活在新加坡。祖父下南洋前，奉母命娶了原配，原配没有生育，有个养子，就是素珠的父亲。

祖父不能常常回乡。但每次回来，疼爱孙辈的他，总会跟孩子们讲南洋的生活，一屋子人，挤在快要颓塌的老厝里。祖父讲到艰辛处，涕泪肆流，对着已逝的母亲画像长跪不起。

他说，他要为留在家乡的儿孙建一座房子，一座让四乡五里的人都羡慕的房子。他最早说起这个心愿是在 20 世纪 70 年代末，新加坡的家中。

“我们都住在新加坡了，你为何还要回去建一座房子？”

“因为我要回家。”

“要回家，你可以乘飞机，也可以坐轮船。我们不是才回去过？”他在新加坡的儿女，理解不了一颗失乡老人的心。

“如果有了房子，等我死后，你们还会有理由回泉州。你们有没想过，你们在故乡还有亲人？”祖父悲从中来。

花砖

下了南洋，人似散落的珠子，随地乱滚。这归乡的房子，能不能成为儿孙回来的路?

祖父终是在故乡建了一座“番仔”楼。两层的楼，外洋内中。外墙用花岗岩和闽南红砖砌成，有捻尖的门头，四面开满窗户，洋楼里有“公妈厅”，分做上落和下落，设计图是祖父画的。

洋楼落成的那年，70 多岁已病入膏肓的祖父，坚持要回乡看看。祖父迈着蹒跚的步子绕着洋楼走了好几圈，拍拍红砖墙，摸摸木窗沿，看得眼泪潸潸。站在新落成的“番仔”楼前，他说：“儿孙往后再也不用被雨淋了。”

那些深邃的思念，在讲述中醒来，素珠的泪落了下来。她说，1985 年，在这座新楼里住了半个月，祖父死在前往新加坡的途中。

灰塑喜鹊、大象

“番仔”楼的公妈厅上，祖父的画像挂在中间。不用再跋涉，他终于能天长地久地与故乡同在。

马来西亚的华文作家朵拉也有一段华侨往事。

她是泉州籍的侨三代，祖父下南洋前往槟城从事建筑行业。她曾讲起过这位祖父：祖父坐在夕阳下的阳台，听着南音，古老的闽南语唱着“望明月，如镜团圆……莫把此双眼望穿”。久久没有听到他跟着唱和。摇椅上的他，眼泪一直流。我望着他，他望着我。他当时应该有很多话要同年少的我说，但是他只是含着泪，笑着摇头。如今，我也60多岁了，再想起当时，你知道吗？我的心裂开了。他当时该有多想他的家。

朵拉常常回家，看祖父在家乡的房子。她走遍了泉州，越走越了解老一辈人埋在胸膛里的故乡的样子。

朵拉的祖父、素珠的祖父，还有无数下南洋的先贤，他们就像洄流的鱼一样，一定要回到出生的那条河。这些建筑是100年来10万、数十万、上百万下南洋的泉州人，浓到化不开的乡愁。它们立在沉沉的岁月里，一次又一次安慰了出海营生的人。

《闽南近代建筑》一书里提及，从清道光二十年（1840）至1940年，100年间，中国人口国际迁移人数多达1000万人，大多为福建、广东两地迁移到东南亚、欧美等国的。福建的华侨主要前往东南亚。出国的闽南人大多为生计所迫，故没有能力把家眷都带到国外，仓促间是无奈，而终生都将不断弥补那种割裂的遗憾。

正因为存在这样一个特殊的华侨群体，才有了“番仔”洋楼这一道独特的建筑风景。风格上中西合璧，既具备华侨的新审美，又有对本地工匠的信任。一般富有之家，大多会请国外的建筑师画好房屋图纸，再长途跋涉地运回刚兴起的水泥、钢筋、花砖等新材料，而像红砖、花岗岩、青草石则一定是请本地的惠安师傅量身打造。

泉州最早的“番仔”楼，据说是位于中山路345号、于1912年由菲律宾华侨陈光纯出资建造的“陈光纯洋楼”。整栋建筑用红砖砌成，青草石上镌刻中式对联，四面墙上百叶窗相连，路人猎奇的目光能被遮挡，夏天的凉风能够吹入。

这种新式建筑的到来，为古老的泉州增添了新潮的范本，西式的生活时尚被快速推动。百年间，遍布了泉州，还影响着近代泉州建筑风格。

女儿墙　灯花　花砖

外廊式建筑可以统称为“洋楼”，与中国传统木结构、院落式的建筑不同。从这些洋楼开始，人们开始谈论钢筋、水泥、铁条、水洗石、玻璃、花砖。新的材料带来新的建筑形式，在100多年前成为一股不可阻挡的潮流，人们青睐有加。独栋的洋楼在泉州一般被称为“番仔”楼，因华侨财富充沛，往往其建筑是极为精致的。

女儿墙上镌刻建成年份

女儿墙

欣赏闽南的“番仔”楼，你要抬头看，因为“厝顶有戏”，有起到包檐作用的女儿墙。

女儿墙的名字很美，它像是一座房子的门面一般，备受几代闽南人的重视。“女儿墙在民国时期做得最多，20世纪五六十年代还在流行。”闽南古建专家姚洪峰说。最美的工艺，如堆剪、灰塑、瓷剪；最贵的建材，如远洋而来的洋灰、花砖，都用在了这一垛耸立在屋顶的女儿墙上。

在女儿墙上，你能看见狮子、老鹰、孔雀、鲤鱼，还有哥特式的抽象线条。它被打扮得像一顶皇冠，戴在“番仔”洋楼的头顶上。它代表着华侨的财富、身份。

女儿墙除了营造艺术的美感，还是一座“番仔”楼的“落款处”。

许多华侨“番仔”楼会以母亲的名字命名，比如柳姑楼、东婆楼、乌绸楼，还有慰萱楼。这些洋楼的名字被镌刻在女儿墙上，是华侨们朴素心愿的写照，海外打拼，回家盖楼，告慰母亲养育之恩。也有洋楼落成的时间，或是对后代子孙的期望，被刻在女儿墙上。

每一座“番仔”楼，都有一个未被倾听的故事。你可以从女儿墙开始听。

灯花

对于“番仔”楼不仅要远看它的姿态美，也要近观它的细节美。

灯花，就落座在天花板上，低调而精致。

一朵朵灯花，外围画圈，中间用泥塑或剪瓷堆出了各式栩栩如生的立体造型。骑着奔马的人、各式珍禽奇兽，还有琉璃的多彩花灯、含蓄而娇俏的花朵……每朵灯花的中央还会垂下一个铁钩。过去没有电灯，暮色升起时，就把一个个大红灯笼挂上去，温暖的小家和久远的乡愁就这样一盏盏被点亮。

旧时，一座“番仔”楼落成，远近乡邻都会赶来看楼。白天在廊下走，抬头看灯花，移步易景，然后品评一番。而夜里，灯笼烛火映衬着天花顶上的这些图案和泥塑，更有别样风采。大人、小孩来这廊下化仙嬉戏，赏灯花也赏夜色。

70多岁的惠安师傅黄文辉，于20世纪60年代，在晋江、南安一带为新修的“番仔”楼做灯花。一个灯花，细分为拖线、泥塑堆、油画，每个工序对应不同的师傅，黄师傅主要负责拖线。拖线，便是灯花那一圈圈凹凸讲究的圆圈。

做灯花的步骤是很烦琐的。先取来稻草，加入沙子，在石臼里捣成浆，再拌入海蛎壳灰，搅拌成泥。沙子可以将稻草磨碎，稻草浆有黏性，使拖线和泥塑堆不容易脱落和裂开。再往后，待到纸筋不再稀有时，就用纸筋代替稻草，浸泡成粉的纸筋和入海蛎壳灰，行当师傅称它为“纸筋灰”。

为灯花做泥塑的师傅，得先画出泥塑的草图，用铲灰刀一点点将纸筋灰贴出胚型来，再细细雕出各种花鸟走兽。只是，这纸筋不抵稻草的持久。一朵精美的灯花，工序繁复，造价相当于当时一位工人20天的工钱。所以说，家里有灯花，谁人不羡慕?

灯花

花砖

女儿墙和灯花，都是头上的风景。花砖，则是“番仔”楼外墙与脚下的风情。

画着花朵或者几何线条的水泥砖，被称作花砖。它随着欧洲殖民者的脚步，来到了南洋诸国，又伴着华侨们远渡重洋，来到了泉州的“番仔”楼。手工制作的花砖，让每一块都有轻微的偏差，但这又恰恰成了它灵魂的所在。

百年前，花砖从南洋来到泉州；百年后，我们又对着它，遥想着那段南洋的生活，面对着不同洋楼里不同色调、不同花纹的花砖，仿佛在翻阅一本有关下南洋的史书。

建这洋楼的人，他长什么样？是去了菲律宾，还是漂泊到了印尼？建洋楼的人是用什么样的心情，去挑了这样的款式？是想着母亲的素朴，还是中国人爱的灼灼的红？这花砖是从马来西亚运回来的，还是从新加坡漂洋过海来的？这花砖铺了客厅和廊前，在私人的卧室，它又以什么样的款式，陪伴着一颗卸下防备的心？

世间有一些人的心灵体验是类似的。对着这花砖，有很多风味和潮流会喷涌出来，然后他陷入沉思和久久不愿出来的情愫里，做一场时光的逆旅。这种旅行，不需要去听一段漫长而枯燥的历史，而是由色彩引你自由穿梭在有情的岁月里。

花砖

大小姐与三少爷的爱情地

72 年前，她是李家的大小姐，嫁给了刘家的三少爷。

她的父亲是泉州南门“南北土特产”的批发商，生意的版图沿着东海，一路扩展至上海、宁波，是富甲一方的商贾。出嫁的那一年，她 18 岁，长得温婉动人。刘家，是泉州中山南路指挥巷口那座泉州城出了名的“刘胜裕总行”。20 岁的三少爷，斯文帅气，翩翩君子风。

一对好看的人，走到了一起。两个爱拼的泉州商人，一度将家族的财富推向了“泉州第一富”的顶端。

只是，时代弄人，年轻的先生，生命的时针在 39 岁那年戛然而止。他们幸福的生活也在这里停住了前行的脚步。

先生葬在泉州东门外，李家大小姐通过三楼餐厅的窗口，远远可以望见他的坟地。搬一块椅子垫脚，她常常失魂落魄地向那里远眺。想极了，就带一束黄菊，来到他的坟前，静静地陪他坐坐，在心里将生活的苦难一条条地倾诉。

“刘胜裕总行”洋楼

而今 90 岁的她，华发已生，带着金丝边眼镜的后面，是一双聪慧的眼，一张优雅老去的好看的脸。终于可以没有负担地，她向我们一点一点地讲述自己的往事。

她是古城指挥巷口那座四层白墙蓝窗的“刘胜裕总行”的女主人李佰佳。这座建于 1924 年的“番仔”楼，被称为泉州近代商业的标志性建筑。远远眺望，外墙有各种花鸟走兽的装饰，四楼西南角还耸立着一座亭台，历经近百年的时光洗礼，而今豪华依旧。

“洋楼是先生的阿公刘攸足建的，请了当时上海的大设计师专门设计。”李佰佳说。那时刘攸足在泉州做桐油生意，已是远近出名的商人。洋楼的设计十分的考究，民国时期就用上了自来水、抽水马桶，还有各种精美的马赛克瓷砖。

屋顶的设计更具现代性，铺设了过滤网，用上了“海绵材料”。雨水来时，那些大粒的沙、硫黄、木炭等被过滤网一层层地过滤，水一滴滴地汇入下方可容 300 担的蓄水池内。如今，这个蓄水池依旧在为整座房子提供浣洗的水。

18 岁嫁来时，她的先生刘瑞昌大她 2 岁，虽是媒妁之言、父母之命，但两人却一见倾心，十分相爱，生了两子三女。两人接手了先生家的生意，经营桐油、颜料、五金等，是泉州第一家颜料公司，名气在闽南盛极一时。

中华人民共和国成立后，刘氏总行是泉州第一富。夫妻两人年纪轻轻，一个入选泉州人大代表，一个是泉州市商会副会长。先生是乐善好施的人，远近的亲朋谁家有难事，他都会大方施援，“你若还就还了，不还他也不会特意去讨回”。

李佰佳时常临窗，看楼下巷子人来人往。她指着一条巷子说，1957 年，泉州政府要开这条路，家里两层的百货楼和古大厝都在征迁范围内，征迁的时候，问先生，“要怎么补偿？”“不用补偿，送给政府。”先生一句话，1000 平方米的房产就无偿捐出。

“他那么善良的人，那么年轻，我舍不得，也常常想念他。”李佰佳的客厅里，挂着先生 39 岁英年早逝前拍下的彩色照片，大背头、俊朗的五官、英气的眉，李佰佳常与照片对坐，念起过往。

先生的坟墓安葬在东门外，当古城的四周还未楼房林立时，站在三楼餐厅的窗口，便可以望见其坟墓。于是，她常常搬来凳子，踮起脚来望他。

后来，她带着 5 个孩子远赴香港，投奔亲人。“这里终究是个伤心地，我决定离开。”她是想着走得远了，也许心就不会那么痛了。

“真的离开后，我却天天想着、念着泉州。”李佰佳说，丈夫的坟墓在这里，自己的“乌蓝血地”（指出生的地方、故乡、祖籍地）在这里，走得再远，心里牵挂的依旧是这里。孩子长大后，李佰佳开始频繁地回到古城来。现在，李佰佳每年大部分的时间，都与这座洋房相守。

李佰佳爱极了这座房子，每一方寸都会悉心地打理。屋内的墙壁，50 年前粉刷成淡淡的蓝色，纤尘不染的样子，就好似刚刚才上过漆。怕椅子剐蹭到了墙壁，每块椅子的后方她都搁一小方切割齐整的方砖。

每天的晨读，每晚 7 点观看国内外新闻，是李佰佳雷打不动的习惯。她说："人老了，但还是想知道身边发生了什么，想知道国家的情况。"

每日清晨，早起的李佰佳推开迎着朝阳的蓝色百叶窗，坐在沙发椅上，一边沐浴阳光，一边在咖啡香气里，阅读着新送来的报纸。

临近的街市走走逛逛，总有邻人会热情地跟她打着招呼："刘胜裕总行的某某，你今天上街来啦！"熟悉的乡音，听过总觉心暖。老人步子迈得和古城一样慢，喃喃地说着，老街巷里 50 岁以上的人，都还识得她。

李佰佳家的临街阳台

陈光纯故居

主人信息

陈光纯，生于清咸丰三年（1853），随父旅居菲律宾马尼拉，后继承父业，逐步发展成为马尼拉著名华侨富商，创办马尼拉华侨小学。

1912 年，全国掀起“唯有教育和实业才能救国救民”的热潮。60 岁的陈光纯热血沸腾，当即携巨资归国，先后在泉州古城购建房屋 110 多幢，兴办学校，开设工厂，成为近代第一个大规模投资故乡的华侨。

1917 年，陈光纯带着爱人和 3 个女儿返乡定居。三位知识女青年回到故土，在父亲创办的泉州第一所女子学校——“启明女校”里任教。她们是一代泉州女孩敬重的“女先生”。

陈光纯先后开办了四所学校。为维持办学经费，年迈的陈光纯经常来往于泉州与马尼拉之间，为学校募资。1925 年，72 岁的陈光纯病死于马尼拉，随后被安葬回泉州古城。他这一片落叶是一定要归根的。

陈光纯故居

游览指引

一个尖顶束腰的院门，容得下两个肩膀并肩踏入。院门之内，石庭开阔，两座“番仔”楼站在庭院的两边相望，一座用回廊牵着古香古色的小姐楼，另一座却在院内再砌起绕屋的围墙，形成独立的院落。

春洋楼

主人信息

傅梓春早年在菲律宾经商，发家后在小泉涧巷买地建起这栋中西合璧的洋楼。这座洋楼与镇抚巷 38 号“叶贻根洋楼”为兄弟楼。傅梓春是叶贻根的姐夫，傅宅的建筑由叶贻根设计并帮忙建造。

叶贻根在印尼泗水做生意，经营建筑材料、布匹等生意。1937 年，他设计并修建了“叶贻根洋楼”。1948 年建成的“春洋楼”便是以叶宅为蓝本，整体风格相仿，屋内许多装修细节及瓷砖用料都一模一样。

游览指引

春洋楼的山花上写着“1948”，这是洋楼建成的年份。洋楼由主楼、庭院、厢房、后花园构成，占地1000多平方米。建筑所用瓷砖、水泥等材料是直接从海外运回的。洋楼的气质与品质皆是不凡，吸引大批建筑系学生前来参观。

洋楼建造时正处于战火纷飞的年代，主楼后部建有防空防弹的地下室，坚固的洋楼曾被借用为泉州日报社的办公地。20 世纪六七十年代，洋楼后花园又作为泉州市人民医院的临时用地。目前，洋楼整体规模保存完好，傅家后人仍在居住。

龙玲阁

主人信息

龙玲阁原称广宇楼，为旅菲华侨傅嘉祥于 1945 年建造。2005 年晋江人王伏龙花费 400 万元从傅家人手中买下这座“番仔”楼，并于 2013 年在大门外刻上“龙玲阁”三个大字。广宇楼自此更名，如今入列泉州市级历史建筑保护名录。

游览指引

龙玲阁并不只是一座“番仔”楼。它占地面积 828 平方米，建筑面积 1300 多平方米，由一组建筑群构成：闽南古厝样式的大门、左右两排护厝、中庭石埕花园、主体“番仔”楼、天井、空中花园、佣人楼，既有海外洋楼的气势，又有闽南红砖古厝的精华。

龙玲阁

如今，龙玲阁已被打造成一座民国风味的民宿。洋楼不仅保留原有建筑外观和格局，还存留着原主人的旧家具、老照片和来自菲律宾的侨批等老物件。徜徉其中，你仿佛与民国的那段洋楼时光也有了时空连接。

中山路蓝色百叶窗

商家·城市街屋

红砖廊柱

密密缝缝的货行生活

泉州中山路是由一间间密密缝缝的店面组成的 2 公里长街，每一间店面都曾撑起一段人的打拼生活。在官方 1998 年的统计中，这里将近 1000 家店面，意味着就有 1000 个不同的故事。

我们找到中山南路 575 号张伯家。他为我们打开尘封了二三十年的一座祖母留下的三层楼式店面。这是一座典型的街屋，建筑上称其为手巾寮，即楼下是店、楼上是住宅，或者前段是店、后段是生活的深院。因横竖看起来都像一条手巾，又称手巾寮。

中山路是城市的主街，双向两车道，整齐划一的街屋后面是另一片纵横交错的巷陌人间。张伯一家如今住在一条叫竹街的巷弄里。我们从竹街往中山路走，左拐右绕，三四分钟就从马坂巷口走到了大街上。

“以前北京一个朋友来，说咱们泉州‘一条路三个岗’，哈。”

“什么意思？”

“小啊。以前交警都是站在路中间手动调节红绿灯的。”

张伯满脸的笑意透露了他怀念那时候因小而生的亲切感。张伯记忆里的中山路，至今几无二致，还是原来的12米宽道路，仍然贯穿于城市南北。联排的柱廊式建筑，虽然常被称为骑楼，但他们还是习惯叫手巾寮。

放在整个闽南建筑系统中，手巾寮的历史要久得多。寮的本义是简易搭盖的小屋。闽南话常说“草寮”“茶寮”，便是简易搭盖起来，又兼着供应些茶食百货的地方，足见其名称适用历史之久。

1923年中山路未拓建前，其也只是3米左右宽的巷道，但商业属性却没变。不规整的石板路面，两旁是木栅式的窗枋户扇，向外伸出各种遮阳罩，底下一天到晚是路人，熙熙攘攘。

回首百年，手巾寮变身骑楼，实际与西式钢筋洋灰替代中式砖石木构是同一时间轴线。新时代来了，于是城墙拆除，马路拓宽，用新材料建起了这一套新式街屋。

店面与店面紧紧地相挨，一户一间，一间一货行，一溜排开，倒像一条真正风吹丝滑的手巾。如此联排紧凑，正是商业建筑的重要属性之一：减少浪费，有效利用沿街地皮。

575号张伯家就夹在其他楼面之间。他领我入内，一楼已经租做漆店，店深四五米，里面一个小转厅，右手挨着墙角是一条窄楼梯，约半米宽，红漆褪得差不多了，木板也有明显裂痕，我们踩在上面不时发出揪心的“咿歪咿歪”声。这二楼已经尘封数十年，只在年节时，张家人才会到二楼的“公妈厅”祭祖。

从深井探上二楼，就是“公妈厅”，十来平方米，厅堂正壁挂有张氏祖先遗像，一张案桌。这个小厅实际也起着过渡作用，往前是临近马路的两个卧室，往后是

中山路建筑
鳞次栉比

中山路向街阳台

一个小阳台。

“这个阳台往后一排过去，以前都是连一起的，很深，很长。”张伯指着如今已拆成好多户的后落说道。

这是手巾寮街屋的又一特色：店面不宽，进深却很长。最深可达 50 米，像一条长长的手巾。这么长的进深，需要不断有天井、阳台隔断，才能使后落的居室透光通风。商住一体，在过去是最节约“生活作业”成本的一种居住方式。

“这是我的祖母。”张伯望着“公妈厅”内祖母的遗像，很是感慨。遗像上的老人，头戴黑色桃心抹额，两颊丰满，素雅雍容。

“现在上年纪的老人，见到我还会说起祖母是‘生意虎’。”

他一点一点地回忆着：

我的祖父过世得早，是祖母一人撑起了整个家。她才 30 多岁，一家人的生计都要靠她在中山路支起的一个门面。那里其实只做一样东西——废布加工。她到各大百货布行买来各种边角布料，一层一层胶黏，十层二十层，直至软布变硬底，变成鞋底、帽檐，再批量往外销售。

我不清楚祖母的生意版图是怎样一点点扩大的，只知道手工业这行当时发展很快，祖母的废布加工也有了代工散户，挣的钱能养得起一家三代十来口人，并置下另外一些店面。

祖母很爱我们。我喜欢跟在她后面，看头看尾，但连一个鞋底也没帮忙糊过，因为她不舍得我们干活，骂都不舍得骂。祖母特别温和，总是跟我们说，认真读书就好。

后来病危住院，她还瞒着家人拿出自己的积蓄，偷偷塞给隔壁病床的惠安人。

临终前，口述立下遗嘱，将自己屋内家具衣物做了仔细分配，送给哪家哪户稍微穷点的亲戚，交代得清清楚楚。

张伯从记事起就敬爱这位祖母，年纪越大越体会到，一个女人既能养家又能顾家，并一生从善，是件了不起的事。

街坊邻居们叫祖母“生意虎”是一种特别的敬意。从30多岁到70多岁去世，这个名字是在纪念一个人与她40年的岁月。她曾经生活在这条人声鼎沸的南北大街，全心全意地付出。

许许多多人也跟她一样，日夜为生活努力着。有人说，中山路以前是恋爱圣地，因为有一处侨光电影院，那里几乎天天聚集着年轻男女。

但张伯仍是摇摇头。他说，中山路不是风花雪月的片场，而是安之若素的生活。

1998年中山路路面整修，统计出948间店屋。漫长的数十年间，店面更替中，有各种小吃、百货行、手工业，有牙医诊所、理发店、基督教堂，又有十多家报社、杂志社、书店、藏书馆，金融业的银行、钱庄、银楼、典当行也点缀其中。

因为商住一体，据说天没亮时，过去入城的农人趁着月色沿街叫着:“倒尿咯，倒尿咯。”那时普通人家没有厕所，每天就等着这熟悉的声音，大冬天也要从被窝里爬出来，倒屎倒尿。

从早到晚，这条街总是醒来时多，睡去时少。凌晨四五点，早餐店已经开门营业了。天色渐渐舒醒，市集里的声音越来越厚，好似被压缩在一块巨大的千层糕里，浓香四溢，吱吱地响着。

有人还记得淡水行的人总是喜欢带着小调嚷上一段人声广告：“鳖公还是鳖母啊！鳖公一两卖五角，鳖母一两卖八角，鳖公行血闯气，鳖母滋阴补肾……”

骑楼下“人行道”

中山路水刷石墙面

中山路故事

大上海理发厅

中山中路368号曾是20世纪40年代的“大上海理发厅”。招牌上的每一个字都在彰显过去那个令人怀念的流金时代。

店内还有只有老理发师才会使用的烫发火钳，地板是闽南洋房花砖，墙壁是复古铁皮火车绿。

如今二楼改造为休闲空间，依然保持老式烫剪吹项目，也有休闲咖啡与酒。

在这里体验老式烫发

20 世纪 40 年代的老理发店

画家的“书社”

泉山书社

泉山书社位于中山中路 159 号。这里曾生活过一名画家，叫黄紫霞，生于 1894 年，病逝于 1975 年。

有段时间，黄紫霞特别喜欢画白菜。他一边在家每天吃白菜，一边在画室大画白菜。他在诗中调侃自己，本来是因为画白菜简单轻快，以还朋友画债，不承想人们反以为奇，求画人竟然越来越多。

抗战期间，黄紫霞在泉州自办《一月漫画》，前后创作 400 多幅，大受欢迎，高峰时印刷近万册。

罗克照相馆

罗克照相馆

位于中山中路 206 号的罗克照相馆是三代传承的百年老相馆。陈春木是祖父，生于清末民初，少年时对新照相术很感兴趣，甘做三年“挑水、种花、养鸟”的长工活儿，打动了城中富贾，学来这门新技艺。

儿子陈建基不仅喜欢照相，还喜欢喜剧。他把父亲的“艺轩照相馆”更名为“罗克照相馆”。罗克，源自当时风靡海内外的美国默片影星哈罗德·劳埃德。这个名字在中山路一待就是 75 年，吸引许多美人来此上班，留下诸多珍贵回忆。

私立海疆学术资料馆

中山路开通后，骑楼下曾聚集十多家书社、杂志社、报社，还出现过一座重要的研究中国海疆问题的学术资料馆，由泉州著名藏书家陈盛明创办于 1946 年。资料馆后归并厦门大学。厦门大学在此基础上成立“南洋研究馆”，也就是如今厦大南洋研究院、国际关系学院的前身。

私立海疆学术资料馆旧址

标准体育用品商店

这是一块 20 世纪 40 年代的中英文招牌“STANDARD PHYSICAL CULTURE STORES”（标准体育用品商店），“标准”两个字比其他字大一倍，曾经的店员说，是一位大学教授指点老板做“标准化”的体育用品。

如今这里依然是体育用品商店，店长就是那位曾经的店员。店内玻璃橱柜最显眼一排，还在销售上海回力小白鞋，这是过去小学生体育课的“标准”用鞋。时代虽已不可捉摸，人却并非无情相待。店长比喻一家老店就像一棵老树，长到顶了就要垂下来，要勇于垂下来，成为大地的风景。这样的生命也很灿烂。

洋气的中英文店招

骑楼上连贯的音符

卡尔维诺在《看不见的城市里》里用“音符”比拟一种美的韵律。他写道：“那些连贯的街巷、街道两旁的屋宇、房屋的门窗等，虽然并不显得特别漂亮或罕见，却都能占据你的记忆。它的秘密在于能使你浏览其一幅幅画面时，就像在读一部乐谱，任何一个音符都不能遗漏或移动。”

用这连贯的音符来形容骑楼再适合不过了。骑楼街的建筑整体严谨，每一间立面都严格地用立柱间隔，间距 3–5 米。有些店阔，连襟二间至四间，有些店小至仅半间宽，仍分两根立柱，夹在长街里，成为袖珍型小屋。小屋也要开窗，如果实在太窄，便只开半扇，小巧精致。但大部分仍是标准的单窗，左右对窗，或者联排 2–3 个，弧形尖拱，红砖百叶，各种窗式纷呈异彩，偶尔夹些竖条的窄门，创造出一种独特的连绵不绝的韵律感。

这是一种洋派的新式建筑，与 19 世纪末 20 世纪初的历史重合。更确切地说，先兴起于开放的港口城市，随后主要广泛流行于南方城市。

北方也有骑楼，但一般不说自己有骑楼街。联排的骑楼下一溜儿的长腿，架

绿釉宝瓶栏杆下一群可爱滴水兽

起一条自由行走的走廊，南方人称赞它“遮阳避雨又通风”，到了北方的骑楼下几乎等于“四面漏风”，很冷。

因此，有记录称清道光二十八年（1848）建在上海的外廊式法国领事馆就被吐槽“冬不避寒，夏不避热”。到了 19 世纪末，上海、烟台、北京、天津这些城市已经放弃了这种带联廊的街屋。

在南方，骑楼则广受赞誉。海南的海口，广西的北海、梧州，广东的广州、潮汕，福建的漳州、厦门、泉州等地都有这样的建筑。

这些骑楼成为一种城市街屋，而且大多建设在主干道上，见证过一段百年历史的兴衰；如今常常出现在各种旅拍中，形成一种独特的建筑风情。

而百年来，还属泉州最长情，中山路骑楼街屡次修缮。泉州市“中山路整治与保护”项目于2001年获得联合国教科文组织颁发的亚太地区遗产保护优秀奖。最新一轮修缮仍在进行中，中山中路一段修缮完成后，于2021年再次获得中国建筑学会的建筑设计奖。

百年泉州骑楼街的总设计师是一位毕业于英国爱丁堡大学土木硕士专业的工程师，叫雷文铨。他为中山路设计路宽12米，楼高多为两层8米，再高就要退台处理，即往后退出一个台面，使沿街立面仍为两层高度，这样街道与楼高总体比例保持在3:2，是舒适亲切的空间尺度。

其实，那时候的建筑师见到国内大量洋派建筑，心中略有不平。雷文铨留下

夜色骑楼

中山路联排红砖火焰型窗户

的手稿中透露，他回国后愈加发觉中式建筑的“瑰丽庄严”，并表示要采用中国古制“复兴吾国建筑美术”。

文化的交融，虽为历史选择，但也创造历史。

如今对比大约建于同一时期的漳州和厦门骑楼，有学者认为：“工匠在漳州起支配作用，建筑师在厦门以图纸控制全局，而在泉州两者是和谐的合作。”

泉州骑楼很长，建设时间也是三座城市里最长的，前后用了二三十年才完成。其中有各种原因，例如未像其他城市一样强力推行和统一规划，因此难免显得有些“效率”不佳，却也为中西建筑的深度融合创造更多可能。

这种快与慢，可以在骑楼红砖外墙寻一机巧。

地道的闽南红砖墙面砌筑，砖与砖之间的灰缝很窄，一般只有 3–5 毫米，有时甚至严丝合缝，不会留线漏白，谨严精致。但偏西式的红砖砌筑，灰缝会达到 1 厘米左右，砖与砖之间垒砌感比较强。

中国过去的建筑系统以工匠为首。他们没有理论，但非常讲究经验。这种经验创造了中国自己的建筑审美。或许正是因为这种适度的慢，才让泉州骑楼经得起百年的不断修缮。

书法招牌

长达 2.5 公里的各式商铺招牌，让泉州书法独领风骚。开照相馆的请来文史界名人吕文俊题写“罗克照相馆”，大商号“刘胜裕总行”欣然邀请卖烟丝的平民书法家伍荣光赐字，文人书风各异，难得一见“大上海理发厅”几个 20 世纪 40 年代的中正广告字。百年来，更迭的商铺，却难见急于更迭的店招。

2021 年中山路修缮再次发现清末泉州书法家曾遒的书法题字招牌“泉永药房”

二楼两扇木制货门

临街货门

泉州中山路上有一种特殊的门，夹于两扇窗户间。

门外没有阳台，也没有任何延伸出的建筑，人一踏出此门即面临落空的危险。为什么要有这样的门呢？

因为这不是走人，而是走货的。这是骑楼作为商业街屋最具有特色的货门，即由下往上或由上往下专门运货的传送门。梯子搭在外墙，货物可以不通过正在营业的门店，自由地被送往楼上。

这种货门未经改造保留下来多处，有些刷成亮黄色，有些与两边窗户搭配保留红木色，阳光下磊落地矗立，是一道不可多得的风景。

各式窗户

美丽的骑楼窗户是最亮丽的风景。

它们如人脸五官中眉尖鼻影的部分，极为出挑。窗式在方形、弧形、火焰形、单窗、双窗、三联窗之间不断变幻；窗楣处巧用灰塑叠涩，如描摹眉线，多为三层以上，做一剑眉、卧蚕眉、柳叶眉、火焰眉等；面上贴花鸟图案，可比唐朝仕女脸上落花钿，满处风景。

立面颜色则以砖红和水刷石白为主，唯独一款浅蓝，常与百叶窗型搭配，是难得出格的色彩。

水刷石工艺是将沙米、碎蛎壳、矿石、白灰搅拌成泥浆抹于墙壁，等待晾干，再一遍又一遍用清水洗刷掉外层泥浆，最终使立面显露出一种可以用手快乐摩挲的粗粝质感。

美丽的百叶窗

五脚基走廊

骑楼在泉州还有一个名字叫“五脚基”或“五脚披”“五脚架”，源于英文“five-foot”，从新加坡传来。

五脚基走廊，约 1.5 米，大概是两人相向并肩的宽度。这个尺度是新加坡明确写在 200 年前颁布的骑楼建筑法令里的，但国内骑楼廊宽却不尽相同，泉州 2.7 米，汕头达到 4.5 米。

这个宽度很微妙，既要留足，又要节省，才能显示出对商埠黄金地块的尊重。1.5 米宽让商业游廊成为可能，五脚基也成为那段历史的重要注脚。

联排立柱

连绵的骑楼依赖于联排的立柱。

很多人将这些立柱统称为罗马柱。根据罗马柱的历史，按照柱身、柱头雕线的简易、精致、繁复风格的递进，依次分为多立克、爱奥尼、科林斯三种主要柱式。

但仔细看骑楼立柱，分方形立柱和红砖立柱。

尤其一种圆柱形红砖柱，需要用特别烧制的异形红砖，再仔细拼贴而成。数百块红砖不断砖拼、砖嵌，无缝衔接，才能出落成完美弧形。

这仍得益于泉州拥有悠久的红砖建筑史，也是中西建筑的美学融合。

“艺术练习生”基地

著名艺术家蔡国强竟是这样走过一段“艺术练习生”的生活。

他爱收集酒瓶子，故房间里都是各种酒瓶子。他不断地临摹写生，还唤上画友，哪怕是过去自己的老师，也说，一起来画吧！

他房间有许多书，特别多的书，地上、墙上又都是他的画。小时候的吴达新跟他挤一张床睡，夜里睁开眼，见他还在画。问他：“怎么不睡觉？”

蔡国强个性十足，回他：“睡那么多干吗，死后就是长眠。”

吴达新叫蔡国强姐夫，比他小 12 岁，后来成了装置艺术家。吴达新先生说，小时候身边好多人在画画。他们画得都很好。

他的美术课老师蔡展龙住在承天巷，每天就在巷子的一个小房间里不停地画。那是租来的房子，老师没有结婚，终生最爱的是画画。画梅花，画得特别好。

吴达新家住中山中路 175 号，离承天巷很近，离喜画白菜的黄紫霞更近，十几步就跑到人家里。黄紫霞为抗战创作过 400 多幅漫画，许多人都慕名而来。平日里，黄紫霞一副儒雅的作风，穿长袍，留白须，家里设有画画的课堂，他便教

中山中路 175 号

晚辈们习画写字。

水墨的梅花、水墨的白菜，中国文人画家用水墨涵养一生。

只有蔡国强最大胆。他大量大量地创作，好像要寻找什么答案。于是，1986年的中山路175号，举办了一场“轰动”的画展，是蔡国强的爱人、吴达新的二姐吴红虹（也是一位画家）向父亲请托，借地方办画展。

吴达新先生说父亲做了一个非常重要而正确的决定。中山路175号是他父亲下海营生的店，门面两个，一个租别人，一个自己专卖纺织品。那时候的生意特别好做。

1986年，中山路单层店面的月租已经达到1万元。不可思议，那时候万元户都稀少。月租一万，背后该是一个多么生机勃勃的时代。

为了蔡国强夫妇三天的画展，吴老先生挪开店内所有货架，小小的空间内，挂上了蔡国强早期的油画作品。来看展的人很多，同行画家尤其多。这是蔡国强的人生首展。没过多久，他便背井离乡，远渡重洋，去开启自己的艺术生涯，后成为享誉世界的烟花艺术家。

中山路虽为一条商业街，却孕育了多位优秀的艺术家。而对于吴达新来说，他也是在这里收获了一段珍贵的“艺术练习生”童年。

他和哥哥姐姐们都在那座房子里长大，斜对面就是新华书店。店面两旁又有好多家书社，整条大马路都是孩子们的天堂。他喜欢玩机械，自己鼓捣收音机和马达。夏夜里，他和小伙伴躺在骑楼下，伴着夜色轻轻入眠。

他从小看过许多优秀的画，被滋养过。因此他回忆起自己的美术老师，回忆过去那些寂寞的文人画家，总有些伤感。

匆匆近 40 年过去了，中山中路 175 号不再销售纺织品，而是由吴达新改为一处艺术展览空间，由他自己主持。

最近一次展览主题《这个春秋》，是一位海归艺术家的新水墨艺术探索。她也用水墨作画，但不是在纸上，而是在玻璃上。

画作挂在墙上，分春、夏、秋、冬四季，一面墙只能挂一幅，比起当年蔡国强的画幅大了许多。除了画作，大量黑白色手工剪纸从屋顶、天井口垂下，像要簇拥你。

人们可以沿着白色旋转楼梯往上二楼，有咖啡、茶饮，可以临窗自啜；往上三楼是洒满阳光的大天台，远远向城市望出去，则是更多的天台和屋顶，非常空阔。

人们在这样空阔的地方发呆，就像那些挂画，需要在空阔的墙上被展览。如果说，艺术是多余的智慧。人是通过它们去深谈，去把握生命的意义的。就像吴达新所希望的：“当艺术就在那时，去看就好了。”

热闹的西街

泉州古城的西街是一条古老的市街，两侧店屋紧密排列，或为单层斜坡屋顶，或矗立两至三层，左右嵌入 10 多条巷子。

有些店屋的面宽比不过一条巷子，有些巷子窄至只容一人宽肩通过。年轻人开的小酒吧缩进巷道 5 米、10 米甚至 20 米深，10 年没有沿街招牌，始终留着一大豁口。有人在角落争取到一辆推车小铺的位置，争取用最地道的泉州美食换市街上一块立足之地。

开过大百货商店的商贾世家，也把红砖古厝的大门打开，院子里铺开茶席，即为客舍茶室。100 年前，菲律宾华侨在西街留下一栋洋楼和一座古厝，临街只是一扇 2 米宽小门，极为细弱的存在，却不妨又被租作店屋。年年春节，此处还兼售“国香不管、流落民家”的水仙花。

夜幕降临，西街成了人潮最拥挤之处，如掌灯的游龙，逶迤前行。游人脚步轻松，顾盼左右，流连忘返于两侧店屋热情的铺陈与供给。

因为毗邻重要的历史文物史迹开元寺与东西塔，以西街为轴散开的一片老城建筑被保护得较为彻底，保存大量明清古建筑。选择一处合适的西街天台，望向

夜幕下的西街

错落的屋顶，颇有云屋交叠之感。

这里风景极为别致。屋瓦是闽南特有的橙红，硬山式或歇山式屋顶，蔓延的斜坡错落相衔接。有大的斜坡，也有小的斜坡。大的斜坡往往横跨一个家族的住屋空间，小斜坡是小开间，像独栋的公寓。屋顶有高有低，低凹处是院落的天井，探出院内的杧果树花、蓝花楹。西边的东西双塔，与这错落的屋瓦又形成新的空间层次，重檐瓦林，深不可测。

这样浑然天成的错落感是由于大家族经世繁衍，子孙后辈分家立户，依照各自意愿自由改建的结果。巷子内以大家族的红砖古厝为主，小开间的手巾寮为辅，沿着街道或巷道排开，寸土寸金，一店挨着一店，如手帕垂帘，方方正正。

西街主干道是一条市街，深入巷子自然就成了小市巷。许多年轻人重新审视这些古典的空间，开起客栈、茶馆、花店、咖啡馆、酒吧、文创商店，带来集休闲、消费、历史、文化、美学、生活的城市新体验。

每日的飞瓦斜阳里，无数游人眷念于此。

参考书目

泉州市城市规划建设专家顾问组，泉州南建筑博物馆 . 泉州古城踏勘 . 厦门：厦门大学出版社 . 2007

王寒枫 . 泉州东西塔 . 福州：福建人民出版社 . 1992

曹春平 . 闽南传统建筑 . 厦门：厦门大学出版社 . 2016

杨莽华，马全宝，姚洪峰 . 闽南民居传统营造技艺 . 合肥：安徽科学技术出版社 . 2013

泉州市"泉州：宋元中国的世界海洋商贸中心"系列遗产申报世界文化遗产工作领导小组办公室，泉州市文化广电和旅游局 编 . 泉州：宋元中国的世界海洋商贸中心遗产图录 . 福州：福建人民出版社 . 2021

李玉昆 . 妈祖史迹研究 . 北京：中国文联出版社 . 2009

陈允敦 . 泉州古园林钩沉 . 福州：福建人民出版社 .1993

林振礼，吴鸿丽 . 泉州多元文化和谐共处探微 . 厦门：厦门大学出版社 . 2017

吴鸿丽，刘新慧 . 泉州古桥古塔 . 北京：中国文联出版社 . 2006

陈笃彬，苏黎明 . 弘一大师在泉州 . 济南：齐鲁书社 . 2015

傅金星 . 泉心采璞 . 香港：闽南文化出版社有限公司 . 2016

政协泉州市委员会 . 泉州名人故居 . 厦门：厦门大学出版社 . 2007

泉州市地方志编纂委员会编 . 泉州进士录 . 福州：海峡书局 . 2014

泉州古城保护发展工作协调组编 . 泉州古城：老城池 . 北京：九州出版社 . 2018

陈敬聪 . 泉州老街巷 . 北京：中国文史出版社 . 2014

王铭铭 . 刺桐城：滨海中国的地方和世界 . 北京：生活・读书・新知 三联书店 . 2018

杨昌鸣，方拥 . 古城泉州 . 北京：中国建筑工业出版社 . 2015

刘立身 . 闽菜史谈 . 福州：海风出版社 . 2012

吴金炎 . 泉州最灵境——关岳庙 . 北京：人民日报出版社 . 2012

彩塑屋顶

涂门街吴氏宗祠
“东观西台”门前石鼓

图书在版编目(CIP)数据

古厝流光/泉州古城保护发展工作协调组办公室编.
—福州:海峡文艺出版社,2022.7
(“D调·泉州”丛书)
ISBN 978-7-5550-2969-4

Ⅰ.①古…　Ⅱ.①泉…　Ⅲ.①泉州—地方史　Ⅳ.
①K295.73

中国版本图书馆CIP数据核字(2022)第111757号

古厝流光

泉州古城保护发展工作协调组办公室　编

出版人　林　滨
责任编辑　林　颖
出版发行　海峡文艺出版社
经　　销　福建新华发行(集团)有限责任公司
社　　址　福州市东水路76号14层
发行部　0591—87536797
印　　刷　泉州市精彩数字印刷有限公司
厂　　址　泉州市鲤城区美食街183号织造厂内原综合楼一层
开　　本　787毫米×1092毫米　1/32
字　　数　103千字
印　　张　3.875
版　　次　2022年7月第1版
印　　次　2022年7月第1次印刷
书　　号　ISBN 978-7-5550-2969-4
定　　价　68.00元